はじめに

この「はじめに」って、いろんな本の最初に書いてあるけど、いる？　読む？　僕は読まないかな。この「はじめに」しだいでその本を読むかどうかを決めるものなの？　パラパラめくった内容で、購入して読むかどうかを決めるよね。とくにこの本なんて、そうじゃない。「はじめに」で含蓄のあることを言おうが、このようにあざとい文章を書こうが関係ない、中身に興味がなかったら読む気にもならないもんね。つまり今僕が書いている文章はいらないってことになる。じゃあ書かなきゃいいじゃん！　何で書いてるの？

それは僕が断らなかったから。断れなかったから。断れるほどの人間じゃないから。

なにより、こういう本は、「はじめに」を書くのが、あるあるだから。「あるある」の本なのに、なにいきなり「なしなし」から入ってんだよ！ってなっちゃうでしょ。そう考えたから、ここはおとなしく書いとこうか、という流れになったんだよね。本当は、書きたくないよ。こんなしょーもない文章載せるんなら、その分一つでもあるあるネタ載せろって言う人もいるでしょう。本って読み終わった後すぐ内容忘れちゃうよねって言う人もいるでしょう。でも、本の「はじめに」は、あるあるだから許してよ。ページ稼ぎかよって言う人もいるでしょう。

本の「はじめに」があるあるだったら、「おわりに」もあるあるだよね。なんなら、本編を読む前に気になって「おわりに」を先に読んじゃう時あるよねってあるあるがあるかどうか知らないけど、当然「おわりに」も書くのかなと思ったら、書かなくていいって。あるあるの本なのに、いいのかな？　たぶんだけど、「おわりに」の文章の最後って、この本を出版するにあたって、編集者の誰々さんや誰々さんのおかげで……みたいなこと書くじゃん。スタッフロールじゃないけどさ。一緒に一冊の本を作り上げたわけだし、名前を載せてほしいのが普通だと思うんだよね。スペシャルサンクス扱いにしてほしいどころか、「おわりに」を書かなくていいってことは、名前を載せないでほしいということだろう。こんな本に携わったと知られたくない。私たちは会社員なのでやりたくない仕事もしなくちゃならない時もあるんです。黒歴史確定です。でも家のローンも残ってるし。嫁と子供ともう一度一緒に住もうってとこまできてるんです。その矢先にこの本をやれって言われて、まったくついてないですよ……かもしれないから書かないでおこう。

一応、本の内容のことを言うと、僕ね2009年9月あたりに雑誌『週刊プレイボーイ』の取材でX（旧ツイッター）を初めて開設することになって、そのまま今もやってるの。やってるって言っても誰もフォローしている人いないし、一方的に発信しているだけ。唯一のSNS。アナログ人間だからよくわからないんだよね。なんか怖いし。ラインもやってない。2023年にやっとWi-Fiを使えるようになった。用がない限り携帯電話の電源は切っている。

そんな僕がほぼ毎日Xであげてるあるあるネタを10年くらいさかのぼってピックアップしたんだよね。いっぱいありすぎて途中やんなっちゃった。似たようなのがあったら見逃しといて。あと、10年も前だと、ちょっと古いあるあるっていうの？　ベタになっちゃってるのもあるんだよね。しょうがないよね、ん。

あと、この本に書いてあるあるあるネタは、Xに表示される「いいね」「リツイート」の数が多いとか、そういうんじゃないの。別にハードル下げるために言ってるんじゃないよ。僕が、いいな～とか好きだな～って思ったのを集めました。

Xを10年以上やってきて、初めて出版の話がきて、嬉しいような、いまさら恥ずかしいような、小学館さん、ありがとうございます。担当した編集部では『DIME』という雑誌を作っているので、皆さんそちらのほうもよろしくお願いします。あとは～なんか言っておくことないかな？　ないな。じゃあ、ウエルカムあるあるを……本屋さんでちょっと恥ずかしいタイトルの本を買う時、裏側にしてレジに渡すね。それでは、いってらっしゃーい！

つぶやきシロー
リモコンの電池を換えてて、ちょっとでもテレビに気を取られると、あれ？新しい電池どっちだっけってなるね。
小学館

歌舞伎揚げの安定感。

24 May 2012 木 19:42

丸じゃなくて四角い歌舞伎揚げってテンション上がるね。食べすぎると上あごが痛くなる。

回転寿司屋さんの最後お会計で、店員さんが皿を一枚数え忘れた時、心の中でちっちゃいガッツポーズをしちゃいます。

19:58 金
06 July 2012

間違えろ間違えろって念を送ります。

号外を必死でもらおうとする恥ずかしさ。

01:43 火
04 September 2012

タダだからといって我こそはとふんだくったけど、読んでみるとそうでもないよね。っていうか、号外に出くわしたことないけどね。

ポテトのLって、最後の方やんなっちゃうよね。

22:31 木
11 October 2012

それはそれでおいしいんだけどね。でもやんなっちゃう。カリカリとしなしなの連鎖に飽きちゃうのかな。おいしいんだけどね。

まだ友達に帰ってほしくないから、わざとゲームを接戦にする子供。

20:21 月

03 December 2012

ノスタルジーでいい時期。楽しい時間が終わってほしくなくて必死だったね。

ワインオープナーって、めったに使わないのに何故か複数持ってるね。

15:30
金
31 May 2013

男子はシェイカーも。いざという時のためにそろえてみるけど、そのいざという時は来ない。

ミルクレープを一枚一枚剥がして食べる派です。

22:17 火
11 June 2013

結果おいしくないんだよね。
焼き鳥もそうだけど、ぶんかいしちゃうとね。

16

噛みきれない冷麺、たまに出てくるよね。

2:05 金 28 June 2013

歯の間に挟まってくる根性のある冷麺あるよね。

17

電車で座っている人が、読んでいた本をバッグにしまっといて降りない人いるね。

19:40
03 July 2013 水

降りると思うじゃない、その席に座ろうと思うじゃない。わざとやってそれを楽しんでいるのかもしれないね。

「耳を動かします」という地味な特技。

20:07
04 July 2013 木

さすがにもうやる人いないか。手首が柔らかいとかね。女性は開脚とか体が柔らかい系が多いけど、たまに柔らかすぎて引かれてる時あるよね。

銭湯とか、足場が濡れてない所探して歩くね。

19:33 土
06 July 2013

人が歩いた跡、気持ち悪いよね、濡れてるし。
学校のプールサイドでみんなの体育座りのお尻の跡も、なんかね。

エレベーターの中で、もし紐が切れて落下しても、地面に着くと同時にジャンプすれば死なないと思っている派です。

25 September 2013 水 19:55

でもな〜んか違うと思ってるんだけどね。

おしゃれな自転車乗ってる奴のプライドの高さ。

1:05 水
02 April 2014

お金ないから車は買えなくて自転車乗ってるけど、おしゃれ自転車ということでどうにかメンツを保ちたいという、周りからどう見られるかから入る人種。で、いつの間にか乗らなくなる人種。人と比べることでしか幸福感を得られない人種。みんなそうだけどね。話変わるけど、電動自転車、すぐに慣れるんだけど、ペダルに足をのせて最初の軽いひと漕ぎでグ〜ンって進む感じとか感動したね。

「そんなの自分で考えろ」って、
考えてわからなかったから聞いてんだけどね。

2:17 木
08 May 2014

「わからないことがあったら何でも聞いてこい」
って言うから聞いたらこれだよ。

商品を持って店先までの見送りは、いらない派です。

23:05
25 July 2014 金

高級店に多いね。過剰包装と過剰接待。そういうのに慣れてないこっちが恥ずべきことなのかな。

似たような白い靴下をいっぱい洗濯した後、答え合わせが大変だね。

0:43
06 November 2014 木

微妙に模様が違うんだよね。

25

その合コンを諦めた女子は、タバコ吸いだすね。

22:39 日
23 November 2014

そして、ちょっとでも元を取ろうと、鬼のように食べだすよね。

「こっちの方が近道だよ」って言われたけど、さほど変わらない時あるね。

0:02
10 January 2015 ⊞

そう言われたくないからって、普通より急いだ分そりゃ早いだろ！

小学生の頃、友達の家で、そこの親に「晩ご飯食べていけば」と言わせない程度に帰る難しさ。

23:47

24 November 2015 火

本当はよそのうちのご飯を食べてみたい欲求もあるけど、そのあと自分の親に迷惑が掛かってしまうからな〜。

28

玉ねぎを生でかじるたくましさ。

23
:
07
23 December 2015 水

りんごなら、まだね〜。レモンも、まあまあ。
玉ねぎって！

何のあざか考える。

1:11 月

02 May 2016

お風呂に入りながら、どこでぶつけたんだろうって思い出しながら、一日を振り返るのもいいね。

家にたまってるビニール傘にも、順位がある。

0:10 金
16 September 2016

すぐ順位づけるよね、人間って。一番いいビニール傘をどこかに置き忘れてしまった時のショックね。だから店の前にある傘立てには入れたくないんだよね。間違って持っていかれると嫌だから。「ビニール傘なんてどれでも一緒」って人が一定数いるからね。自分のを持ってかれたくないのもそうだけど、知らない人が握っていたとこを持つのが気持ち悪いんだよね。あと、雨降ってなくて傘持って歩いてるのはいいんだけど、傘を横にして真ん中あたりを持って手振って歩くもんだから、後ろを歩いていると先の尖ったところが当たりそうで危ないのがわからないのかね。そういう人がいたら、その人の前に行って、同じように傘を横にして振り、ほら危ないでしょってわからせるという啓蒙活動をしています。

仮病した日って、なんであんなに一日が早いんだろうね。

0:50
29 September 2016 木

教室内のみんなの空想ばかりして夕方。

コンサートで、何回もアンコールって言ってんのに、なかなか出てこない時あるよね。

0:46
14 October 2016 金

もう帰っちゃったのかな？　アンコールって途中ちょっと弱くなって、また復活するよね。せめてそこで出てきてくれないと、こっちも疲れちゃうからね。

親戚のおじさんが来ると、自分の部屋にこもる派です。

23:56
水
02 November 2016

うっすら聞こえてくる会話を聞きながら眠りにつくね。

から揚げ弁当の下に敷いてある色の変わったレタスは勢いで食べる派です。

2:05

30 November 2016 水

野菜も取らなくてはという、つねに抱いている恐怖がなせる業。

服にこぼした汚れをずっと気にしてる忘年会。

0:14

22 December 2016 木

序盤でこうなると、ずっと楽しめないね。

フライパンの餃子に、サッと水をかけてサッとふたをするというイベント。

1
..
28
24 December 2016 土

こんなことでも、退屈な日常にハリ。

こたつに肩まで入って、足だけ向こう側に出すの気持ちいいね。

22:53
30 December 2016 金

こたつに入ってて、熱くなったらやるよね。

ちゃんと読まずに「同意する」を押す時の恐怖。

1：14 日
22 January 2017

一か八かだね。押したら押したですぐに忘れちゃうけどね。

この歳になって漢字の書き順の間違えを指摘されたが、もう直す気はない。

1:08 月
23 January 2017

テストにも出るくらい、あんなに習ったのに、結局自分が書きやすい順に書くのが一番。ただ、人が間違った書き順の時、気になるけどね。だからって指摘はしない。自分がされても直す気ないから。歳取ると、もうそんなことどうでもよくなるんだよね。

テスト始まる前の1分が、一番集中して勉強するね。

0:27
水
08 February 2017

ギュッとすると、生涯3時間くらいしか勉強しないような気がする。

コピー機から出てきたばかりの紙の温かさが好き。

0:02 金
10 February 2017

すぐに冷めてしまう儚さ。指切らないようにしてね。

どんなに盛り上がっている宴も、誰かがグラスを倒すと一瞬止まるよね。

1・10 火
14 February 2017

グラスって倒れると、みんなを黙らせる力があるんだね。中に何も入ってなかった時の安堵感とガッカリ感。

夜道で後ろから歩いてくる人に抜かれる瞬間緊張するね。

1:25
21 February 2017 火

男の僕でも怖いんだから、女性はもっと怖いだろうね。

だから僕は前を歩いている女性の歩く速度が遅くても抜きません。我慢して後ろを歩きます。すると違う問題が発生します。

そんな時に限って、駅から家までの道のりが一緒の方向だったりして、角を曲がった時に振り返られます。完全に疑われている。でも普通に自分ちに向かって歩いているだけです感を出しながら、コンビニに入ろうとすると、その女性がコンビニに逃げ込むように入るもんだから、もうそのコンビニには入れません。ちょっと遠回りして違うコンビニに行きます。

あー面倒くさい。誰が悪いわけでもないんだけどね。気を使いすぎかな。

体育館で男子と女子が分かれて体育の授業をしてて、女子のバレーボールが自分のとこに転がってきて、そのボールを拾って投げ返す時の緊張感。

1 : 13 水
01 March 2017

女子たちの視線、男子たちの視線。全員見てるから、へんな投げ方になっちゃうよね。

子供の頃、おじいちゃんに肩たたき券をプレゼントしときながら、いざその券を出されると、なんか面倒くさいんだよね。

0:11 月
06 March 2017

おじいちゃんごめんなさい。やっぱその時のテンションなんだよね。すぐに使ってほしいの。おじいちゃん的には嬉しいからその紙切れを大事にとっといて、だいぶたってから出してくるんだけど、子供はいまさら感。

コンビニでカゴを持っている時の優雅さ。

1：13 18 April 2017 火

大金持ちになった気がするね。買うぞって意気込んでカゴを取ったのに、意外に気に入ったものがなくて、商品2個をわざわざカゴに入れるのもなんだしって、カゴを戻す時もあるね。

自分が悪くなくても、とりあえず謝ってしまう派です。

23:28 日
30 April 2017

攻撃するよりも相手に対して破壊力がある気がします。

間違って高い洋服屋さんに入っちゃった時の、買うかどうか迷っているふり。

1:24
03 May 2017 水

「この色違いがあったらな〜」なんて言ったりして。頭の中は、早くこの店出たいの一択。それか、ほかにお客さん入ってきてくれと願うね。「サイズ違いありますか?」って、ここにないのを確認してから言うけど、まれに「別店舗にあるので、歩いてすぐなので持ってきますね」なんて時があるからね。店員さんもバイトだったりして、「なんだ買わねーのかよ」なんて思わないのかもね。接客しなくてすんだらラッキーくらいに思ってるんじゃないかって思うようにすると、買うかどうか迷うふりなんかせず、堂々と店を出れるような気がする。

1:10 木
10 August 2017

「楽しんでますか？」って聞かないで。

コンサートとかでね。そっちが楽しませてくれよ、お金払ってんだから。

会社の冷蔵庫のドアの閉め方、みんな強いよね。

0:33
25 November 2017 土

会社の車のドアの閉め方も強いね。

あけましておめでとうございます。
お正月って、何曜日かわからなくなるね。

23:09
01 January 2018 月

土日だと損した気分になるね。

「今日元気ないなー」って言われたけど、自分ではそうでもないんだよ。

0:52

05 January 2018 金

言われたことによって変に意識しちゃうよね。

旅先でノリでパネルに顔をハメるけど、早くシャッター押してほしいね。

0:05
12 January 2018 金

恥ずかしいし、パネルの裏でかがんでいる体勢がつらいんだよね。

何か知んないけど、遅刻してきた本人が一番怒ってる時あるよね。

22:56
日
04 February 2018

なぜか機嫌が悪い。つっこまれないようにしてんだろうね。

海外ドラマの意地悪な子役は、そばかす多いね。

1:29 火
06 February 2018

ちょっと太っていてね。
でっかいアイスクリーム食べてる。

好きな曲だけど、1番だけでいい。

1:42 土
03 March 2018

その曲の1番の詞のイメージが強すぎて、2番の詞に違和感を覚え、好きになれなかったりするね。

冷たい麦茶を出されて、すぐに全部飲んでしまった時の恥ずかしさ。

2:04
19 July 2018 木

すぐおかわりを欲しがっているみたいで恥ずかしい。

「初めましてですよね？」という圧。

0:47
木
11 October 2018

覚えてないんだ〜というショックを隠して、とりあえず「ハイ」って言っちゃうね。

トイレですごいお腹痛い時、もう悪いことしませんから許してくださいって神様にお願いするね。

23:20
木
01 November 2018

治るとすぐ忘れちゃうけどね。

「ヲ」を、書く時がない。

22:30 日

02 December 2018

あまりにも書かないし見ないから、いざ書く時にゲシュタルト崩壊になるね。

話す時、途中ずっとタメ口で、最後「です」で終わってもチャラにならないから。

0:01 火
11 December 2018

その先輩も言わないだけで、みんなタメ口警察だからね。

新聞紙で作った兜を頭にかぶった時の頼りなさ。

23:39
05 June 2019 水

へっらへら。全然強そうじゃない。

チョコロネは、チョコが見えてる方から食べるけど、きも〜ち口で奥に押しながら食べるね。

23:21
14 November 2019 木

最後までチョコを残して美味しくいただきたいのです。ソフトクリームも、押しながらコーンの先っちょまで美味しくいただきます。周りにバレないようにさりげなくね。

冷たい水からお湯に変わるまで指でずっと触っていると、途中「もうお湯になった」って錯覚が一回あるね。

23:52
月
02 December 2019

まだ水なのに、早くお湯になってほしい願望がそうさせるのかな。

店員さんが注文を繰り返している間って、何かみんなじっと耐えてる感じだね。

23:36
12 December 2019 木

黙ってるだけで、心の中は、いいよ繰り返さなくて、早く終わらないかな~だね。同席の誰かがチェックしてるだろうからと上の空だね。

駅とかにある4段くらいの短いエスカレーターに乗るかどうか迷うね。

2:33
日
22 December 2019

すぐ終わっちゃう。階段でいいけど、かわいいから乗りたい。名古屋駅の新幹線乗り場にある。

「もう寝る」ってメール送った後、結構起きてるよね。

1:22
月
13 January 2020

メール打つのが面倒くさくなった時、ウソつくよね。

みんなが黙って静かにしている時に、一人が咳払いすると、俺も俺もって一気に咳払いしだすよね。

3:03
17 January 2020 金

みんな我慢してたんだね。

空気の抜けたボールを蹴るつまらなさ。

0:49
04 February 2020 火

転がらないって、こんなにつまらないんですね。

電車ですごい寝ている人が、降りる駅でちゃんと起きて帰るよね。

3:24 水

05 February 2020

すごいね、体が覚えているのかな。それとも、自意識過剰の狸寝入り演出がやめられない人かな。

しゃっくりしている人を見ると、自分流の治し方を言いたくなる派です。

16 February 2020　日　23:25

みんな独自の知ってる知識を言いたがるよね。

ボウリングの途中、左で投げて一投無駄にする勇気。

0:57

21 February 2020 金

バッティングセンターで一球見送る勇気。

高校生の時のニキビを潰すかどうか悩んだ時間の長さ。

23:27
土
22 February 2020

勉強で悩む時間より長かったような。あの頃は死活問題だったな〜。

この段は閉める時にコツがいるんだよなってタンスあるよね。

2:02

18 March 2020 水

押しながら閉まる寸前、ちょっと持ち上げて、右、左。

カップヌードルの肉は大事に食べるね。

23:14
28 March 2020 土

麺と一緒に流れで食べちゃうと後悔するね。

イチャついているカップルの前を通り過ぎる時の緊張感。

23:15
02 April 2020 木

こっちが気を使って見ないようにしてあげてるのをいいことに、「誰も気にしてないよ」じゃねーよ！　逆にすごい見てやろうかと思って。怒られる筋合いないし、周りに不快な思いをさせてるのはそっちだし、そうすれば外でイチャつくカップルが減ると思う。世直し世直し。

布団を干す時に使うでかい洗濯バサミで、
自分の顔を挟んだことあるよね。

1:09
07 April 2020 火

お母さんに「ほら、ほら～」って見せるよね。

安い握り寿司を買って帰り、食べる前に
剥がれたネタを元に戻している時のむなしさ。

22:19
23 April 2020 木

お弁当が片寄った時もそうだけど、元の位置に
直してから食べたいんだよね。

おむすびセットに入っている、たった1個のから揚げは、すごい大事に食べるね。

23:50
23 May 2020 土

どのタイミングで食べるかだね。たくわんは、おにぎり1個につき1枚。から揚げは、まー2個目のおにぎりの時だろうね。

靴を履いた後に忘れ物に気付いて、ハイハイで取りに行く時のヒザの痛さ。

22:42 日
07 June 2020

膝が真っ赤。思ったより痛いよね。

「問題作」という宣伝文句。

22:37
13 June 2020 土

「全米ナンバーワン」と一緒に葬りましょう。

卓球やってる時、暑くなってラケットで扇ぐけど、疲れと風の量が割りに合わないね。

23:06 火

16 June 2020

一年がやると三年に怒られるよね。

せまいのに、さらにドアが内側に開くトイレの出づらさ。

0:05
土
27 June 2020

ラーメン屋さんのトイレのイメージ。

暑いからエアコンつけてたのに、外出たら外の方が
涼しい時あるね。

23:38
日
28 June 2020

なんか損した気分。

ちり取りの最後キリがないから、ほうきでささささーっ
てちらすね。

1:00 日
05 July 2020

ないものとするね。

上り坂は人を無口にさせるね。

22:11
28 July 2020 火

不思議な力。舗装してないぼこぼこの道路を車で走っている時も。

エンドロールのあとも、なんか期待しちゃうんだよね。

0:06
05 August 2020 水

映画に限らず、テレビドラマとかもね。だからって役とかけ離れた仲良さでサウンドトラックとかプレゼント紹介されてもね。昔のドラマの最終回とか、主役の人が「今まで見ていただいてありがとうございました」的な一言あいさつがあったよね。

掃除の時間、ほうきを逆さにして手のひらでバランスとるね。

23:07
09 August 2020 日

今の子もやるのかな?

ドラマの食事シーンで、お茶碗から箸でちょっとずつしかお米食べてないのが気になっちゃう派です。

22:52
12 August 2020 水

何テイク目なんだろって思っちゃう。

子供の頃学校から帰って玄関あけたら、知らない靴があった時の緊張感。

21:44
30 August 2020 日

そろ〜っと自分の部屋に行くね。

頭いいのに何でこの高校来たのってやつ学年に一人はいるね。

23:36
07 September 2020 月

「家が近いから」とか、あっけにとられる理由だったりする。

外から中が見えない店に、ちょうど人が出入りしてる時に遭遇すると、一瞬店の中をよーく覗きこんじゃうよね。

22:42 日
13 September 2020

そこまでして見るものでもなかったね。

でかい消しゴム持ってる子いたよね。

1:15
16 September 2020 水

でかすぎて、消さなくてもいいとこまで消しちゃうよね。

子供って、布団の上で泳ぎの練習するね。

22:18
月
28 September 2020

お母さんがいない隙に。

やっとやる気をだしたのに、間違って試験範囲じゃないとこを勉強してた時、気絶するね。

12 October 2020 月 23:53

試験前日、家で勉強中に試験範囲が違って気絶したともとれますし、当日試験用紙を見て試験範囲が違って気絶したとも両方考えられ、読者を混乱させてしまう表現をしてしまい申し訳ありません。僕的には後者の意味で書いたので、そのつもりで読んでくださるとありがたいです、お手数かけます。

カニクリームコロッケの儚さ。

1:20
土
24 October 2020

すぐに食べ終わっちゃう。3個食べないと満足しないです。

自己啓発本は、買った時がピーク。

23:28
26 October 2020 月

帯のコメントがピーク。

自分家で鍋パーティーやると、最後気を使って洗い物をしてくれる人いるけど、それは油ギトギト用で、グラスはそのスポンジじゃないんだよな〜って思っても言えない派です。

2:53
30 October 2020 金

結局全部ちゃんと洗い直すから、もうやらなくていいよって思いながらも、笑顔でありがとうです。

自分の誕生日会をやってくれるって言うから、お店に行ったら一番乗りだった時の恥ずかしさ。

21:41
土
14 November 2020

誰か先に着いといてよ、張り切ってるみたいじゃない。

美味しく食べたいのに、従業員叱っているとこ見せないでほしいよね。

23:56
22 November 2020 日

しゅんとしちゃうんだよね。

「玄米に変えようかな」って思うだけ。

22:47
14 December 2020 月

「英会話習おうかな〜」って思うだけ。

大将の「まず何から握りましょう?」という、ためされてる感。

22:12
30 December 2020 水

本当は大トロとか行きたいけどアジで……。

10円玉は、お酢に浸しておくとピカピカになるってテレビでやってたけど、やらないよね。

へ〜って思うだけ。

0:10 月

04 January 2021

お得だと思ってシャンプーの詰め替え用を買ったけど、なんか少ないよね。

23:13
07 January 2021 木

同じ量かと思ってたら。

高速道路料金所のＥＴＣのバーのスリル感。

22:42
月
11 January 2021

こんどこそ当たっちゃうんじゃないか。

「なるはやで」って言われると、なんかやる気なくす派です。

22:42
26 January 2021 火

こっちのやる方の大変さと言葉を短縮して軽く言われた感じがそうさせるよね。

カフェに入ったはいいが、頼んだ飲み物をすぐ飲み終わってやることない時あるね。

23:28
16 February 2021 火

そういうペース配分ができない派です。

もうシューマイにグリンピースは乗ってないが常識でいいのね。

22:34
金
19 February 2021

いつからそうなったのかね。シューマイの絵を描く時もグリンピースないとシューマイに見えないから困るよね。あんまりシューマイの絵を描く時ないけど。

どんな不良でも、アロンアルファアを使う時は、真面目になるね。

22:41
09 March 2021 火

その後すごい騒ぐけどね。

初めて入った定食屋のおばちゃんと常連客が仲良くしゃべっている横で一人で食べてる時のアウェイ感。

22:22 月

29 March 2021

早く食べて帰るね。

カレーライスを箸で食べてる人のたくましさ。

30 March 2021 火 22:40

コンビニかなんかで買って、スプーンがついてこなかったんでしょう。予備の割り箸で何一つ文句言わずに黙々と。何で食べようがどう見られようが、そんなのどうでもいい。なんか、いいよね。たくましさを感じる。カレーを箸だと、ちょっとずつだから、スプーンみたく早食いにならずによく噛むから身体にいいかも。それと、もしこのカレーがカツカレーだったらどうでしょう？ 箸の方が食べやすくないですか？ 箸の逆転勝利です。スパゲッティーも箸でよくないですか？ フォークでクルクル面倒くさいし、途中からほつれてくしね。どっちにしても、ペペロンチーノの唐辛子の輪っかは差すわけで。そんなに、すすっちゃダメなの？ 外国人はすする文化じゃないから、カップ麺も外国では麺を短くしてるらしい。日本人だし、日本で食べてるんだし、スパゲッティーを箸ですすって食べても許してよ。マナー違反なのかな。でも大概の人は、家ではフォークなんて使わないで箸で食べてると思うけどね。

「よく、おっさんって言われる」って言う美人いるね。

22:32
01 April 2021 木

私中身おっさんだからって、自分を卑下しても有り余る美貌を自分でわかってらっしゃる言い方。

未成年をいいことにさんざん悪いことして「昔やんちゃしてて〜」じゃねーよ。

22:28 金
02 April 2021

笑い話にするな。やんちゃって言えるのは10歳まで。

鳩のギリギリさ。

22:10
金
23 April 2021

「危ないよ、危ないよ」って言ってんのに、こっちを試すかのようにギリギリまでよけない。

先生がよく「二人一組になって！」って、簡単に言わないでほしいね。

21:14
土
08 May 2021

どうせ僕は、先生、あなたと組むことになるのですよ。

「あーそっちの玉子サンドか〜」って時あるよね。

20:25 日 09 May 2021

玉子焼き派と玉子サラダ派に分かれます。僕は玉子サラダ派です。

いい天気の朝、外出て道が濡れていると、夜中のうちに降ったんだ〜って、なんか得した気分になるね。

22:07 日
16 May 2021

雨のすべては、寝ているうちに降っといてほしいと思う派です。

電車で、つり革を持たず一歩も動かないという自分との闘いやるね。

19:28
04 June 2021 金

近くの人にバレたくないよね。

「何のとりえもないけど、昔から体だけは丈夫で〜」
って、へりくだって言う人いるけど、それって最強だよね。

22:10
月
21 June 2021

ほんと、これに勝るものはないね。

思いっきり泣いた後の食欲のすごさ。

22:16
22 June 2021 火

いいよ、もう次に向かってるね。

121

ビルって、建てだすと早いよね。

それまで長いけどね。

22:06

29 June 2021 火

「で、そいつ何て言ったと思う？」とか、ちょいちょいクイズ形式で話してくる人の面倒くささ。

20:22 火
06 July 2021

3問目で「もう、そういうのいいから」って言いましょう。

「よく振ってからお飲みください」を一口飲んでから気付くね。

23:03
15 July 2021 木

缶とかだと縦に振れないから、そろっと回すね。

テスト中に落とした消しゴムにかぎって、遠くに行くね。

20:32 金
30 July 2021

あらためて、ゴムなんだな〜って、思い知らされるね。

ちょっとお金を足して豚汁にできるってやつ、迷うよね。

23:09
04 August 2021 水

プラス50円って大きいよね。50円をケチって、ただの味噌汁でいいのね？　本当は豚汁にしたいのに我慢するんだ〜、その分頑張って働いて出世すればいいじゃん、目の前の50円をケチって何になる？　そんなんじゃお前は大成しないよ、一生小物だよ。男として名を残したくないのかい？　50円くらいケチっていい仕事ができるのかい？　そんな人間に誰もついていかないよ。別れた女房と子供も帰ってこないよ。さーどうするって試されてる感じがするから、食券販売機の前で動けず行列ができてるのでしょう。

その場では怒らず大人の対応するけど、家に帰って思い出したらムカついてしょうがない時あるね。

20:11
月
23 August 2021

我慢した自分を褒めてあげましょう。

「友達が来たいって言ってんだけど？」って言われると急に憂鬱になる派です。

22:07
16 September 2021 木

え、今から知らない人が来るの？　別にいいけど〜。

家の中でしか着れないTシャツの方が多いね。

20:15 月

20 September 2021

捨てられないのよ。最後に着て捨てようとしてたのに、洗濯機に入れちゃうから、もう一回着るよね、の繰り返し。タレントさんがよく言うじゃない、「古い下着とか、旅行先で捨ててくる」って。どこに捨てるの？　ホテルとかのゴミ箱でしょ？　掃除の人に発見されると思うと恥ずかしくないのかな？

虫歯になっても、歯磨きを頑張れば治ると思っていた子供の頃。

21:34 木
30 September 2021

思ってた。信じて一生懸命に歯磨きしたね。

「根は悪くない人だよ」って言われてる時点で、
なんか嫌だな。

20:47

23 October 2021 土

でも、普段嫌な人なんでしょ？　ってことだからね。

25 October 2021 月 21:14

「のり弁」って名前だけど、「のり」よりタルタル白身魚にひかれて買っちゃう派です。

もっと言えば、白身魚じゃなくてタルタルにひかれます。タルタルありきです。白身魚である必要もないです。タルタルをよりおいしく食べるためのフリでしかないので、どんな揚げ物でもいいんです。この背徳感たまりません。ケチらず、もっとたくさんかけてほしい。チキン南蛮とかにもかかってるけど、大体足りないよね。追いタルタルしたい。レンジで温めた時、タルタルがびちゃびちゃに溶けてなくなる悲しさも経験済みです。前にスーパーのお総菜コーナーで、「タルタルコロッケ」ってコロッケが売ってたんだよね。ジャガイモをタルタルで混ぜて揚げてるんだけど、さらにタルタルをかけたらうまいんじゃないかって？　違うんだよね。コロッケカレーのコロッケがカレーコロッケだったくらい違うんだよね。そこは、普通のコロッケにカレーをかけるからうまいんじゃん。もう、ご飯にタルタルソースだけをかけた、タルタル丼をどこか発売してくれないかな。それなら自分で作ればいいか。

校舎の、先輩たちのいる一つ上の階に行く時の緊張感。

18:47 日
14 November 2021

冒険心と度胸試し。
廊下を歩いている
と、すごい振り返ら
れるよね。同じ学年
で会ったことない人いっぱいいるのに、なんと
なくわかるんだろうね。大学の広いキャンパス
を歩いていても、うちの大学の学生じゃないな
って、なんとなくわかったもんだよね。

サランラップ、終わりそうで終わらないけど、急に終わるわね。

20
11
23 November 2021 火

ちょっとしわしわになってくるからね。トイレットペーパーも最後の方はしわしわだけど、そのしわしわを伸ばすと、意外とあるね。

体力テストの上体そらしって、最後は胴の長さ勝負だよね。

21:40
22 December 2021 水

足を押さえる力のすごいやついたよね。

ダイソーの店内を歩き回っているうちに、何を買いに来たか忘れるよね。

20:57
水
12 January 2022

あれもこれもって楽しいんだよね。たまに200円のものとかあって、引っかかりそうになります。

じゃんけんで「あいこでしょ」が連続すると、そのうち「しょ」だけに変わるね。

21:37
05 February 2022 土

じゃんけんのテンポが速くなり、一瞬追い抜くよね。決まっていたのに見過ごすこともあるね。10人くらいでやって、自分一人だけ負けた時、こんなことあんの！ ってビックリするよね。

みかん、割るタイプの人いるね。

おじいちゃん子かな。

20:58

09 February 2022 水

からあげクンのあっけなさ。

21:04
17 February 2022 木

30秒で食べ終わっちゃう。もっと堪能したいのに。

みんなの前で自己紹介とか、この世からなくなればいいのにね。

20:01
19 February 2022 土

自分の番に近づくにつれての緊張感ね。あとから思えば誰も覚えてないんだけどね。

おじさんって、若い子とカラオケ行くと「ちょっと新しめの曲入れちゃおかな〜」って、ちょっと古めの曲入れるよね。

23:07 土
12 March 2022

そこは言わないであげてよ。

久々に開いた本を読んでいると出てくる、小っちゃい赤い虫の謎さ。

22:31 水
16 March 2022

赤い点かな〜って、じ〜っと見てたら移動してるね。「チャタテムシ」っていうらしいよ。

部屋の時計を5分進めてるけど、見るたびに5分進んでるんだよなって思うから意味ないね。

18:56
05 April 2022 火

ちょっとずつ狂って、6分、7分って進んでいくよね。暗算の練習になって、脳の活性化にも役立ってるね。

接客業のバイト始めたばっかなのに、ニヤニヤしながら「じゃあ見にいこっかな～」って言う友達きらい。

21:49
12 April 2022 火

友達に見せたことのない顔を見られたくないんだよね。

会話の最後に「落ち着いたらうまいもんでも食べ行こうよ」って言うけど、行かないね。

21:14 月
18 April 2022

そういえば、そんなこと言ってたな〜って思い出すけど、行かないね。

若い女の子に「すご〜い！」って言われて真に受けてるおじさんいるね。

19:31 金
22 April 2022

気づかない方が幸せだね。

さっきからやんわり断っているのに、全然気づいてくれない人いるね。

19:17 日
24 April 2022

気づくどころか、逆にグイグイくるよね。

全部食べないように全部開けなかったのに全部食べちゃうよね。

19:41 火
26 April 2022

自分で決めた曖昧なルールは、あっけなく破られるね。

迷った結果、「大」で流す。

20:57
27 April 2022 水

「小」でもいけそうな気がするけど、もしダメだった場合、ちょっと待つの嫌だからね。

あけましておめでとうございます。
たった2枚の年賀状を輪ゴムでしばられても。

20:38
日
01 January 2023

2枚が輪ゴムに耐え切れず、ハーフパイプ見たくなってる時あるね。

「神戸」って書いてあると高級な感じするね。

21:50 月

09 January 2023

なんか美味しそうなイメージあるよね。「十勝」も。

UFOキャッチャー、1回で取れたら取れたでなんかつまんないんだよね。

21:33 木
12 January 2023

しゃがんで商品を取る時、なぜか一瞬恥ずかしいね。

どうでもいいマグカップにかぎってなかなか割れないね。

21:53
19 January 2023 木

山崎製パンの春祭りでシール集めてもらった皿もしぶとい。

「甘さひかえめ」に対する異常な信頼感。

21:54
土
21 January 2023

信頼したいのよ。これのせいにしたいのよ。

どれくらい恋人いないか聞かれた時、見栄張って
ちょっと短めに言っちゃうよね。

20:57
28 January 2023 土

その後の帳尻合わせに頭使うよね。

速度を落としてそろっと走っているパトカーの威圧感。

21:49 日
29 January 2023

なんか感じ悪いよね。

まずいくらか知りたいのに、値札探すの苦労する服あるよね。

21:36
02 February 2023 木

値札かなと思って裏っ返しにしても、変な英語の説明。

買うかどうか悩みすぎて疲れて買いたい欲が冷めて買わないことあるよね。

22:42 金
10 February 2023

好きすぎて嫌いになっちゃうパターンね。

おニューの白い靴、すごい気を付けていても、
いつの間にか汚れてるよね。

19:15
18 February 2023 土

じゃあもういいやって急に雑になるね。

青リンゴ味は知ってるけど、本当の青リンゴは食べたことないね。

19:56 日
19 February 2023

本当の抹茶よりも、抹茶味で抹茶を知っているね。

仕事が忙しい時は、休みになったらあれもこれもしようって思っていたのに、実際休みになると何もしないよね。

14 March 2023 火 22:43

冷めてんだよね。あの時のあの思いは何だったんだろうね。

自分から電話しといてなんだけど、相手が出なくて
ホッとする時あるよね。

22:02
土
18 March 2023

コール中も「出るな、出るな」って祈ってる時
あるね。

すれ違いだった不在票の申し訳なさ。

21:19
火
28 March 2023

あー10分前に来たんだ！　また来てもらうの申し訳なくてセンターに取りに行く派です。

お肉の焼き方を聞かれて「レアで」ってカッコつけたけど内心ちょっとドキドキしてるね。

22:23 土
08 April 2023

本当はミディアムくらいがいいんだけど、生肉を食べる男らしさをアピールしたかったのかな。

部屋着を洗濯している間、着るものなくてほぼ裸でいる時あるよね。

21:44
11 April 2023 火

着るものないわけじゃないんだけど、畳んだり面倒くさいから、洗ったやつをまた着たい。

コンビニのレジでお弁当を温めてもらってる時、横に一歩ずれるけど、次の人来るし、ここにいていいのか毎回悩むね。

20:56
日
16 April 2023

要領がいい店員さんだと、先にお弁当をレンジに入れてから、残りの商品を精算し袋に入れ、お弁当用の袋をかたどって「チン!」で、お客としても気持ちいいです。

勝手に最悪な結果を考えて勝手に苦しんでる時あるよね。

22:00
25 April 2023 火

心配性なのかな。つらいよね。結果たいしたことないんだよね。そのあと清々しいったらありゃしない。

タッパーって洗っても洗ってもぬるぬるするね。

22:05
火

02 May 2023

洗っても洗っても角の黄ばみ。

何日に地元に帰るし、せっかくだから会おうよって約束したものの、実際に会う日、ちょっとおっくうだなってなる時あるよね。

21:49
05 May 2023 金

その約束した時がテンションMaxなんだよね。

自分が認めた人には優しいんだよね。

20:11
23 May 2023 火

認められてない人は、同じこと言っても許されない。はなっから相手にされてないし、見下しているのがわかる。でもこっちの状況が変わると急に手のひらを返す、それが人。

まあまあの値段取るのに氷多すぎてすぐ飲み終わっちゃう時あるよね。

22:45
05 June 2023 月

氷のくぼみの残ってるとこにストローを当てて吸うね。

上司がいないと仕事はかどるよね。

21:34
14 June 2023 水

ある程度仕事を覚えるとね。顔色、気にしなくていいし集中できる。なんなら上司に休まれるよりパソコンの不具合の方が困る。

感心して聞いていたら、最後に「諸説あるけどね」って言われると急に冷めるよね。

21:07 水

21 June 2023

な～んだ。先に言ってくれればいいのにな。この本もそう。絶対なあるあるではない。

■ プロフィール

つぶやきシロー

1971年、栃木県出身。1994年、ピン芸人としてデビュー。栃木訛りで繰り出す「あるある」ネタが受けブレークする。小説『イカと醤油』(宝島社)、『私はいったい、何と闘っているのか』(小学館)は、2022年に映画化もされた。ほか、『こんな人いるよねぇ～』(自由国民社)、『3月生まれあるある』(さくら舎)、絵本『つぶやき隊』(TOブックス)など出版している。本書のもととなっているXでのPOSTは、2009年9月から投稿。フォロワーは100万人ぎみ。

リモコンの電池を換えてて、ちょっとでもテレビに気を取られると、あれ？新しい電池どっちだっけってなるね。

2024年3月5日
初版第一版発行

著作者 つぶやきシロー
発行人 大澤竜二
編集人 安田典人
発行所 株式会社小学館
〒101-8001東京都千代田区一ツ橋2-3-1 編集☎03-3230-5930 販売☎03-5281-3555
印刷所 図書印刷株式会社 製本所 牧製本印刷株式会社
ブックデザイン 祖父江慎+志間かれん（コズフィッシュ）
販売 大礒雄一郎 宣伝 根來大策 制作 宮川紀穂 編集 寺田剛治

○カバー、および表紙のタイトル表記が全体的に左方向へ寄っていますが、これはデザインによるものです。○本書はつぶやきシロー氏のXに投稿された情報を掲載していますが、一部、誤字や脱字などを修正した箇所がございます。ご了承ください。○造本には十分注意しておりますが、印刷、製本など製造上の不備がございましたら「制作局コールセンター」（0120・336・340）にご連絡ください。（電話受付は、土・日・祝休日を除く9:30～17:30）

ISBN 978-4-09-389154-7